AF498916

COLLECTION
de S. Exc. M. le Baron de MOHRENHEIM

CATALOGUE

de

TABLEAUX ANCIENS

et

Objets d'Art et d'Ameublement

dont la Vente aura lieu

HOTEL DROUOT, Salles N°s 9 & 10

Le Lundi 21 Mars 1898

à deux heures et demie

EXPOSITIONS

PARTICULIÈRE	PUBLIQUE
Le Samedi 19 Mars 1898	Le Dimanche 20 Mars 1898

de une heure et demie à cinq heures et demie

Entrée par la rue Grange-Batelière

COMMISSAIRE-PRISEUR

Mᵉ Georges DUCHESNE

6, rue de Hanovre, 6

EXPERTS

Pour les Tableaux	*Pour les Objets d'Art*
M. Henri HARO	**M. A. BLOCHE**
14, rue Visconti et rue Bonaparte, 20	28, rue de Châteaudun, 28

Et avec le concours, pour les Objets d'Art, de **M. J. MINER**, 4, rue Papillon.

CE CATALOGUE SE DISTRIBUE

à Paris, chez

Me G. DUCHESNE
COMMISSAIRE-PRISEUR
6, rue de Hanovre, 6

M. Henri HARO
PEINTRE-EXPERT
14, rue Visconti et rue Bonaparte, 20

M. A. BLOCHE
28, rue de Châteaudun, 28

et chez

M. J. MINER
4, rue Papillon, 4

Conditions de la vente.

Elle sera faite au comptant.

Les acquéreurs payeront *cinq pour cent* en plus du prix d'adjudication.

TABLEAUX

BLOEMAERT

1 — Le Repos pendant la fuite en Égypte.

B. — H., 0m,45. L., 0m,55.

BOTH (André)

2 — Le Cabaret en plein air.

Près des ruines du Forum romain est installé un cabaret où différents paysans et passagers se désaltèrent. Dans le fond, à gauche, on aperçoit le Colysée.

Signé à gauche sur une pierre.

T. — H., 0m,55. L., 0m,65.

BRAUWER

(Attribué à)

3 — Le Fumeur.

B. — H., 0m,22. L., 0m,19.

CUYP

?

4 — La Tonte des moutons.

Auprès d'une chaumière ombragée de grands arbres, un paysan est occupé à tondre des moutons; le berger debout près de lui le regarde faire et, derrière, on aperçoit une paysanne. A gauche, une vache mugit. Au fond, un chemin bordé d'arbres se perd dans le lointain; à l'horizon des collines se détachent sur le ciel lumineux.

Très curieux tableau qui fait penser à Cuyp et aussi par endroits à Paul Potter.

B. — H., 0^{m},62. L., 0^{m},84.

DIETRICH

5 — Portrait d'un Vieillard.

B. — H., 0^{m},46. L., 0^{m},38.

DROOGSLOOT

6 — Intérieur de Paysans.

B. — H., 0^{m},41. L., 0^{m},61.

ÉCOLE ESPAGNOLE

7 — Fruits, Légumes et Gibiers morts.

T. — H., 1^{m},30. L., 1^{m},79.

ÉCOLE ESPAGNOLE

8 — L'Enfant au tambourin.

T. — H., 0^{m},42. L., 0^{m},34.

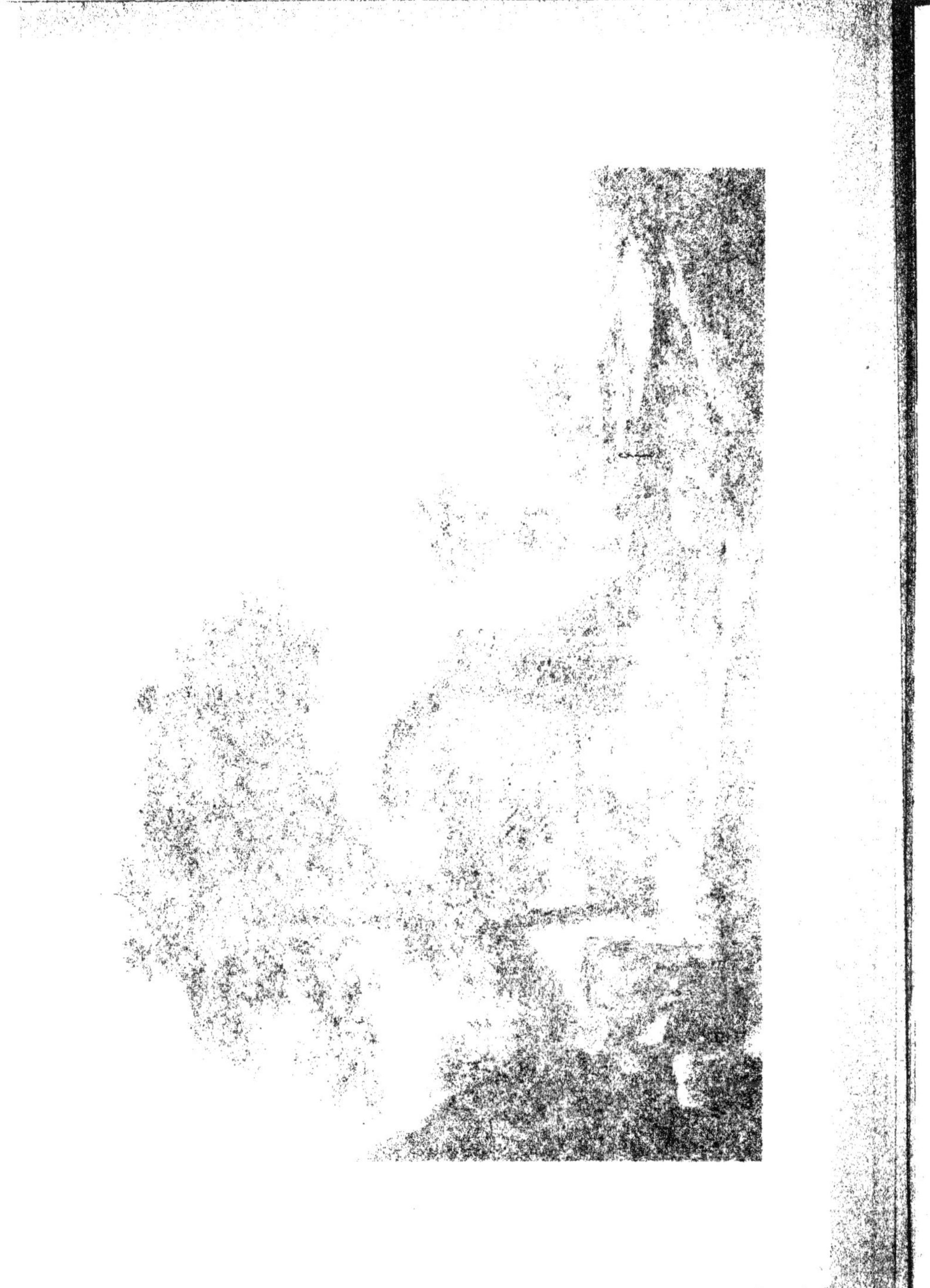

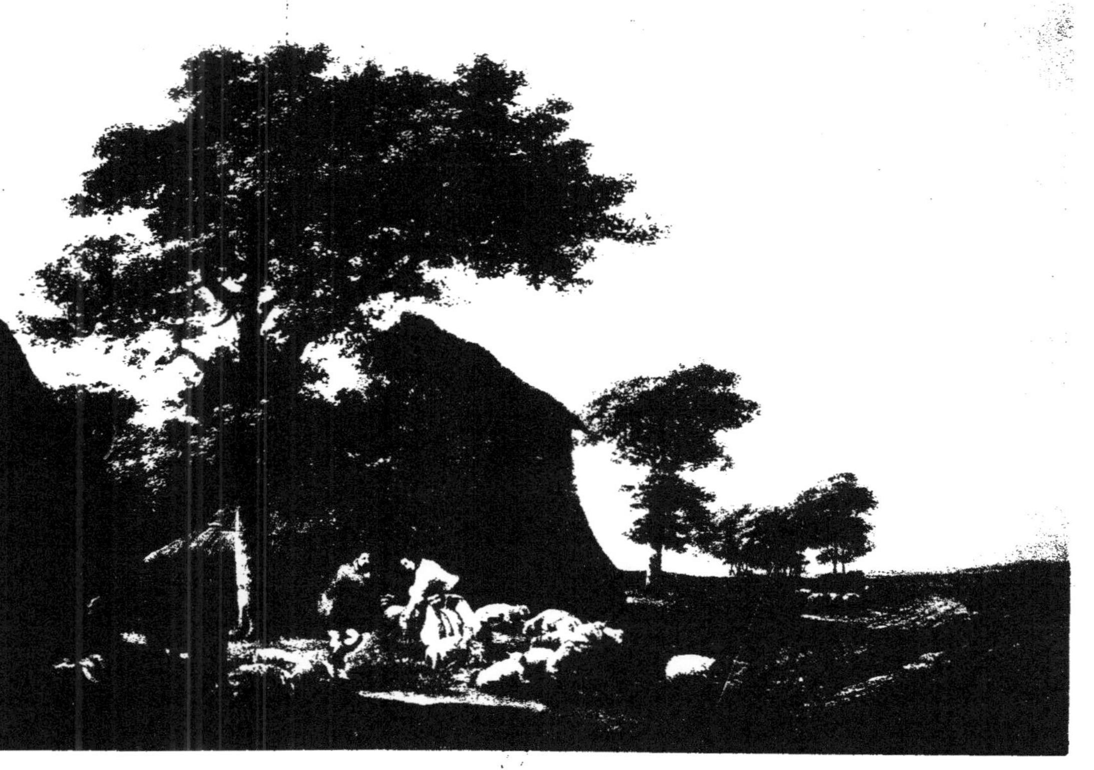

La Tonte des Moutons.

ÉCOLE HOLLANDAISE

9 — Marine.

Au premier plan plusieurs barques montées par des pêcheurs; à gauche, un grand bâtiment hollandais; plus loin la mer est sillonnée par de nombreuses embarcations. Au fond on aperçoit une ville.

T. — H., 0m,52. L., 0m,64.

10 — La Cascade, effet de soleil.

B. — H., 0m,47. L., 0m,40.

11 — Joseph expliquant les songes à ses frères.

Forme ronde.

C. — H., 0m,27. L., 0m,27.

12 — Portrait d'un Artiste.

B. — H., 0m,26. L., 0m,21.

13 — L'Annonciation.

C. — H., 0m,22. L., 0m,19.

ÉCOLE DE SÉVILLE

14 — Adoration de la Vierge et de l'Enfant Jésus.

T. — H., 1m,20. L., 2m,45.

GELÉE (Claude) *dit* le Lorrain

?

15 — Le Moulin à eau.

A droite, le moulin établi sur la rive boisée de la rivière; un paysan conduisant une barque s'en éloigne et semble se diriger vers une langue de terre où paissent des chèvres. Une autre barque aborde auprès de roseaux. A gauche, de grands arbres se silhouettent sur le ciel nuageux.

T. — H., 0m,47. L., 0m,57.

GLAUBER et LAIRESSE

16 — Paysage avec figures et animaux.

T. — H., 0^m,84. L., 0^m,65.

GOSSAERT (Jean) *dit* de Mabuse

?

17 — Vierge et Enfant.

L'Enfant Jésus a passé ses bras autour du cou de la Vierge qui lui présente des fleurs. Fond de paysage.

B. — H., 0^m,46. L., 0^m,30.

GUIDO RENI

18 — La Vierge.

Au centre, la Vierge tient dans ses mains et contemple avec tristesse la couronne d'épines; tout autour, une riche guirlande de fleurs qui doivent être de Bonzi.

T. — H., 1^m,28. L., 0^m,95.

HEEM (de)

19 — Fruits.

Sur une table, en partie recouverte d'une étoffe bleue, on voit un plateau contenant différents fruits : une pêche ouverte, une grappe de raisin, une figue, des cerises et des noisettes.

B. — H., 0^m,34. L., 0^m,26.

KNELLER (G.)

20 — Portrait du chancelier Adison.

Il est représenté debout, vu à mi-corps, la tête nue tournée vers la droite, vêtu d'un habit de velours vert; il porte en sautoir une grosse chaîne d'or supportant un médaillon; de la main gauche il retient un manteau rose jeté sur ses épaules.

T. — H., 1^m,24. L., 1^m,01.

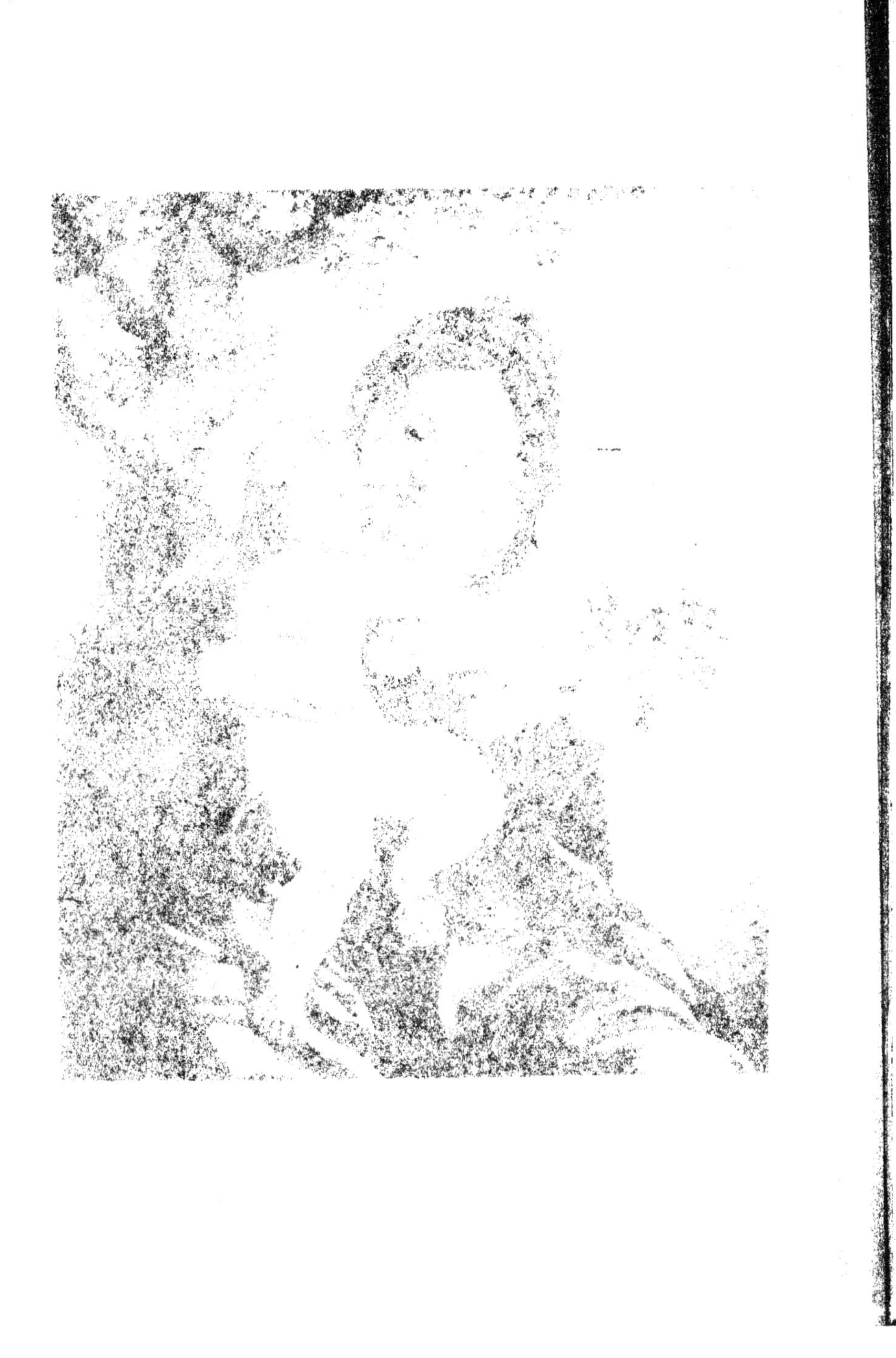

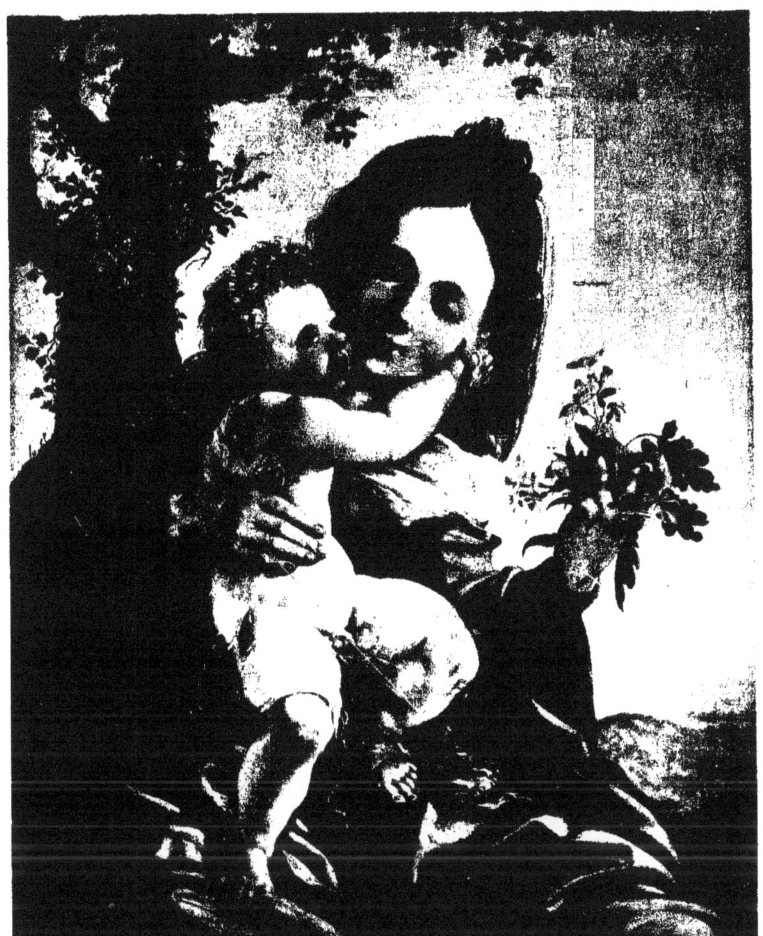

Phototypie Berthaud, Paris

La Vierge et l'Enfant Jésus.

LAIRESSE (G.)

21 — La Fontaine du Commerce.

T. — H., 0^m,47. L., 0^m,57.

MARATTI (Carlo)

22 — La Vierge et l'Enfant Jésus.

T. — H., 0^m,26. L., 0^m,21.

MARCO DA OGGIONO

?

23 — La Vierge allaitant l'Enfant Jésus.

B. — H., 0^m,64. L., 0^m,50.

MAZZOLA (F.) *dit* le Parmesan

24 — Saint Basile faisant l'aumône.

C. — H., 0^m,25. L., 0^m,21.

MEULEN (Van der)

25 — La Chasse au sanglier.

Au premier plan le sanglier qui court vers la droite est coiffé par les chiens. Trois cavaliers, l'épée nue, se précipitent vers la bête; un autre groupe de cavaliers débouche de la forêt. Au second plan, plusieurs personnages sont arrêtés au bord d'un cours d'eau qui traverse le paysage; plus loin, on aperçoit un château fort, et, dans le fond, une montagne se détache sur le ciel.

T. — H., 0^m,58. L., 0^m,52.

MIEL (JEAN)

26 — La Halle.

Dans un site pittoresque, des chasseurs ont fait halte près d'une ferme au seuil de laquelle on voit une femme portant un jeune enfant. A droite, un cavalier fait boire son cheval à une fontaine; un autre personnage, assis par terre, rajuste ses vêtements; près de lui un petit paysan tient son cheval par la bride. Au centre, on voit le fermier portant une bouteille et un verre plein; à ses côtés, un jeune page caresse les chiens. Sur la gauche, deux autres chasseurs assis se rafraîchissent. Plus loin, sur le chemin, apparaît un cavalier suivi d'un piéton; dans le fond on aperçoit une paysanne tenant un baquet, et près d'elle les animaux de la ferme.

T. — H., 0^{m},59, L., 0^{m},75.

MOMPER (J.)

27 — La Pêche, effet de lune.

Sur la gauche, des pêcheurs retirent leurs filets. A droite, on voit un château fort. La rivière serpente et se perd entre de hautes collines qui se confondent dans le lointain avec le ciel nuageux d'un puissant effet.

Signé à droite.

B. — H., 0^{m},61. L., 0^{m},97.

MOSTAERT (JEAN)

28 — Portrait d'une Princesse.

Vêtue d'un corsage de velours rose orné de riches joyaux, elle est représentée en buste, vue de trois quarts, la tête tournée vers la gauche; sur sa coiffe est attachée une couronne.

B. — H., 0^{m},50. L., 0^{m},38.

MOUCHERON

29 — Le Pont.

A droite, un troupeau est engagé sur le pont jeté sur le torrent. Sur la gauche, une paysanne, portant un fagot de bois sur la tête, suit un chemin bordé de grands arbres; devant elle, on voit un jeune enfant et, derrière, un petit chien.

Paysage montagneux.

T. — H., 1^{m},03. L., 0^{m},85.

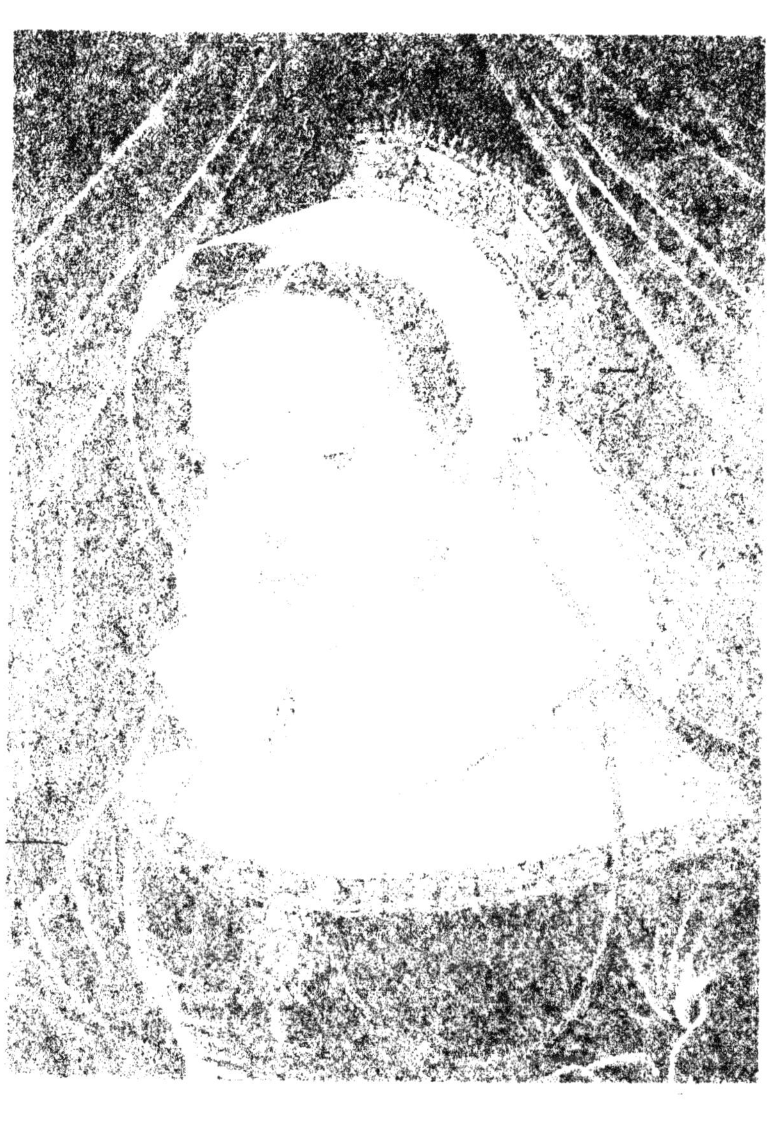

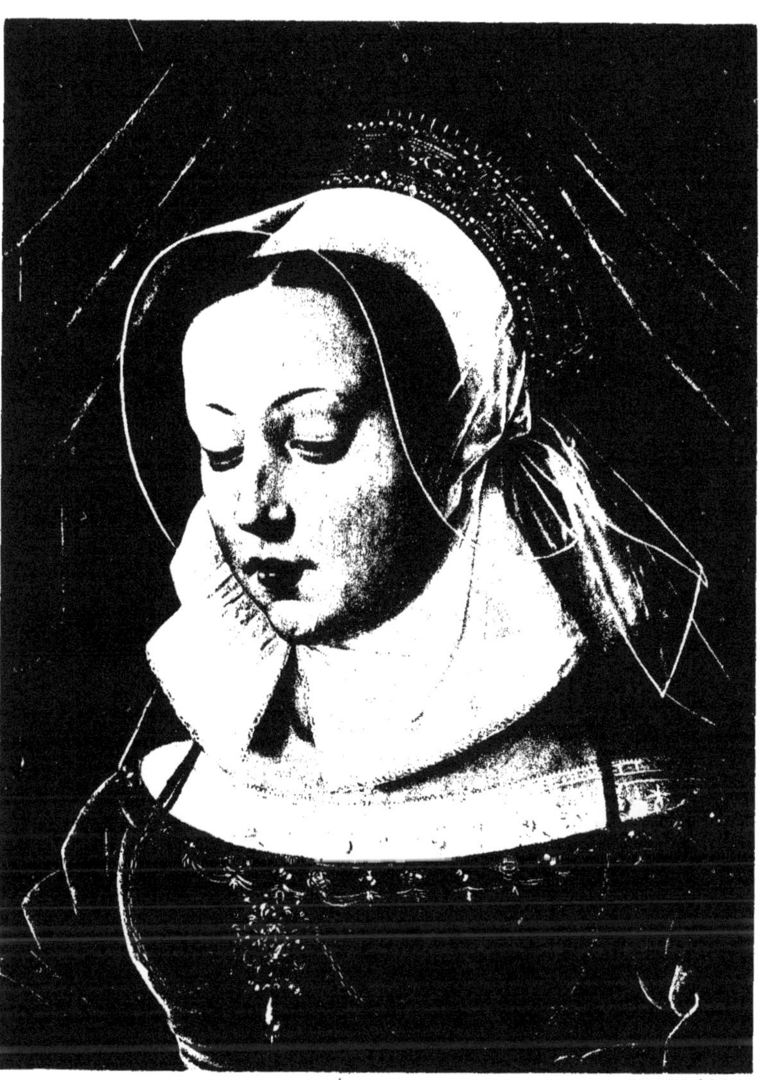

Phototypie Berthaud. Paris.

Portrait d'une Princesse.

MOUCHERON

30 — Paysage.

Dans un paysage accidenté, couvert de bouquets d'arbres et de rochers, un cavalier demande son chemin à un piéton qui le salue. Au fond, la plaine et la colline.

Signé à gauche.

T. — H., 0m,87. L., 1m,12.

PALMEZZANO (Marc)

31 — Saint Sébastien.

Percé de flèches, il est attaché à une colonne. Dans le fond, à gauche, on aperçoit une ville et, sur la droite, des rochers.

Sur le fût de la colonne, on lit :

Marcus Palmezzano P. Foroliviensis A° MCCCCLXXXXIII.

B. — H., 0m,69. L., 0m,44.

POEL (Egbert Van der)

32 — Intérieur de Cuisine.

Belle qualité du maître.

Monogramme à gauche.

B. — H., 0m,28. L., 0m,21.

POELENBURG (C. Van)

33 — Tobie et l'Ange.

B. — H., 0m,19. L., 0m,28.

PRIMATICO

(École de)

34 — Portrait présumé de Diane de Poitiers.

T. — H., 0m,75. L., 0m,59.

PYNACKER (Adam)

35 — Berger et son troupeau.

Assis au pied d'un arbre, sur le bord d'un ruisseau, un berger cause avec une paysanne. Son chien est près de lui. Le petit troupeau paît ou se désaltère. Au fond la ferme et, plus loin, des montagnes.

B. — H., 0m,48. L., 0m,40.

RAIBOLINI (J.)

36 — Sainte Famille.

L'Enfant Jésus, debout, est pendu au cou de la Vierge. A gauche, saint Joseph ; à droite, on aperçoit une ville. Fond de paysage.

B. — H., 0m,67. L., 0m,56.

RIBERA

37 — Martyre de Sainte Agathe.

T. — H., 0m,98. L., 0m,75.

RUYSDAEL (Salomon)

38 — Vue prise en Hollande ; bords de la Meuse.

Sur la gauche, différents personnages vont et viennent sur la route qui s'engage dans un bois. Des pêcheurs viennent d'amarrer leur bateau au rivage et la rivière se perd dans le lointain en côtoyant une ville qu'on aperçoit dans le fond.

Signé à gauche.

B. — H., 0m,50. L., 0m,73.

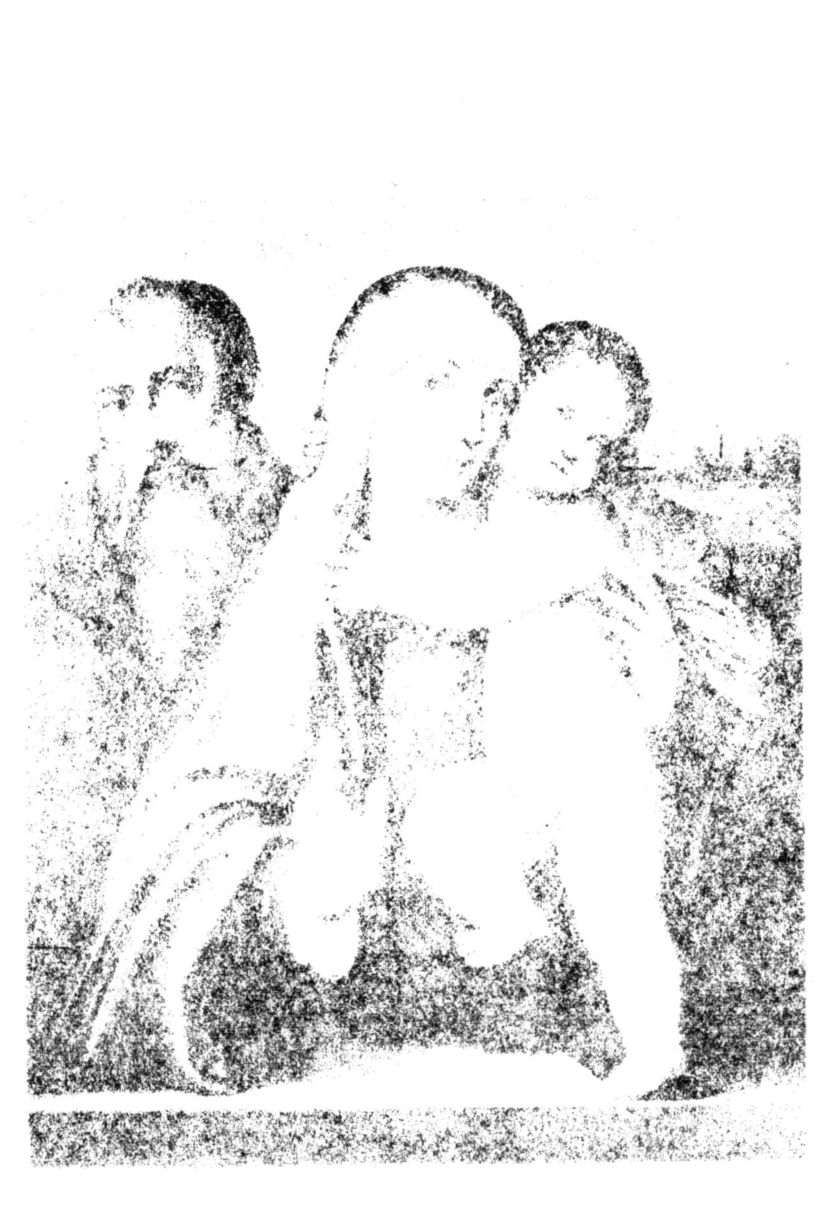

RAIBOLINI (J. dit FRANCIA)

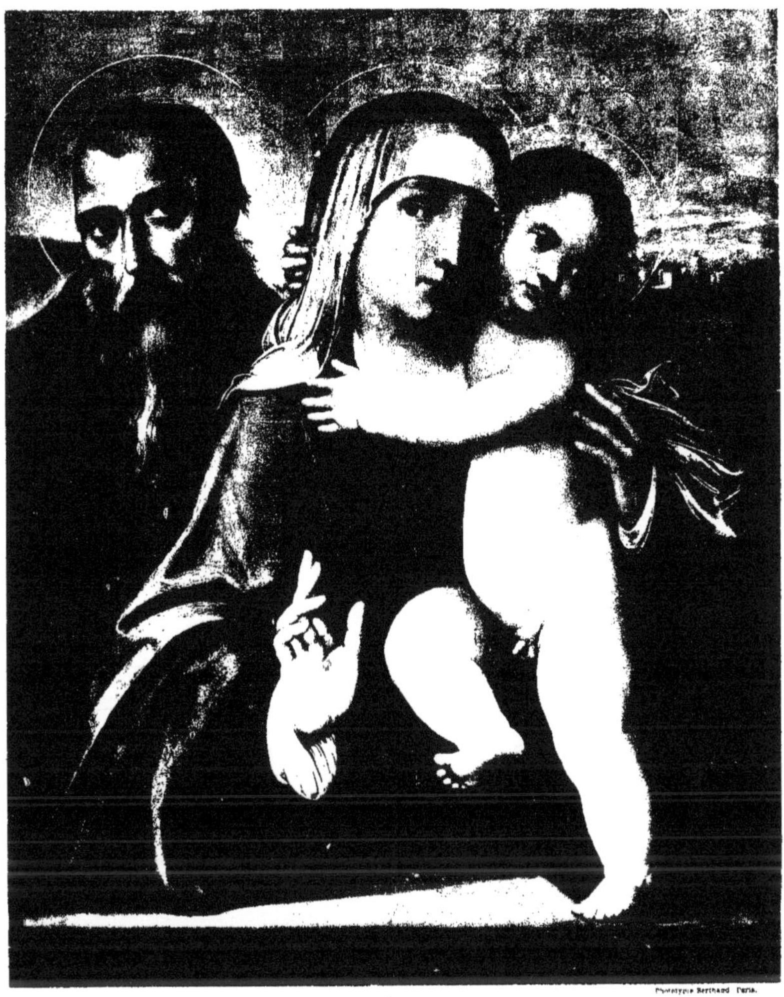

Phototypie Berthaud Paris.

La Sainte-Famille.

STEEN (JEAN)

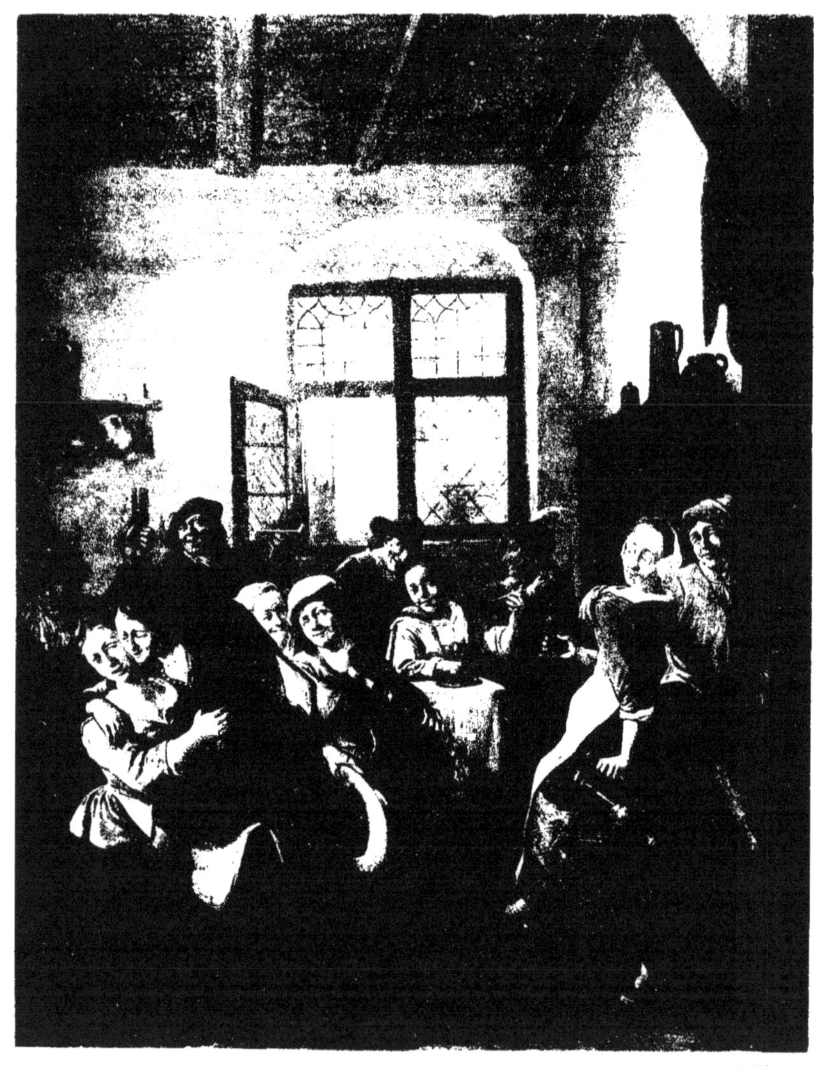

Phototypie D. Pédard, Paris

Les Joyeux convives.

RUYSDAEL

?

39 — Le Torrent.

Un torrent se précipite entre deux talus surmontés de bouquets d'arbres. A droite deux petits personnages, dont l'un assis sur un tronc d'arbre, causent ensemble.

Signé à droite et daté 1651.

B. — H., 0m,45. L., 0m,57.

STEEN (Jean)

40 — Les joyeux Convives.

Au premier plan à droite une femme tenant un broc et un verre danse avec un paysan; plus loin un musicien joue du violon et autour d'une table différents convives boivent ou fument. Sur la gauche un jeune galant lutine une servante. Au fond, par la fenêtre ouverte, on aperçoit le paysage.

Signé à droite.

T. — H., 1m,00. L., 0m,81.

STEEN (Jean)

?

41 — Intérieur hollandais.

Signé à gauche.

B. — H., 0m,20. L., 0m,15.

STRY (Van)

42 — Bergère et son troupeau.

B. — H., 0m,94. L., 0m,74.

SUSTERMANS

?

43 — Portrait de Femme.

Vue de trois quarts, la tête tournée vers la gauche, un bouquet de fleurs dans ses cheveux, elle est vêtue d'un corsage noir avec manches à crevés garnies de dentelles et de rubans. De riches joyaux et des fleurs ornent son cou et le corsage.

T. — H., 0m,75. L., 0m,56.

VELDE (ADRIEN VAN DE)

44 — La Ferme ; paysage avec figures.

Sur la gauche, on aperçoit la ferme dont la grand'porte est ouverte. Un troupeau suivant la route, se dirige vers la prairie que l'on voit à droite. Un cavalier et un piéton suivent le chemin qui mène à la rivière sur laquelle est jeté un pont rustique.

T. — H., 0m,55. L., 0m,65.

VREE (NIC. DE)

45 — Plantes et Insectes.

Tableau important du maître.
Signé à droite.

T. — H., 1m,13. L., 0m,88.

VRIES (DE)

46 — Paysage ; bord de rivière.

Au premier plan, à droite, un château entouré de grands arbres. Sur le chemin, on voit un paysan assis par terre, le bras appuyé sur un sac, et, plus loin, différents personnages. A gauche, la rivière côtoie la route. Ciel nuageux.

T. — H., 0m,62. L., 0m,66.

WEENIX

47 — Gibier mort.

T. — H., 1m,05. L., 0m,85.

WEENIX

48 — Gibier mort.

Pendant du précédent.

T. — H., 1m,05. L., 0m,85.

WERFF (Adrien Vander)

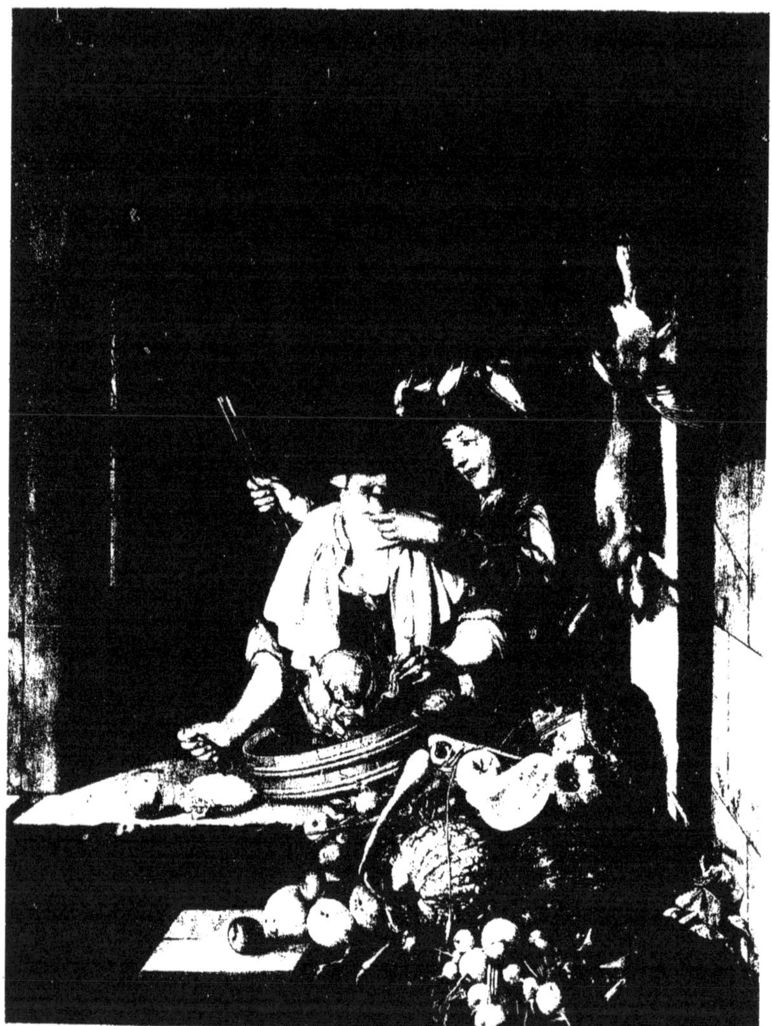

Phototypie Berthaud. Paris.

Le Galant Chasseur.

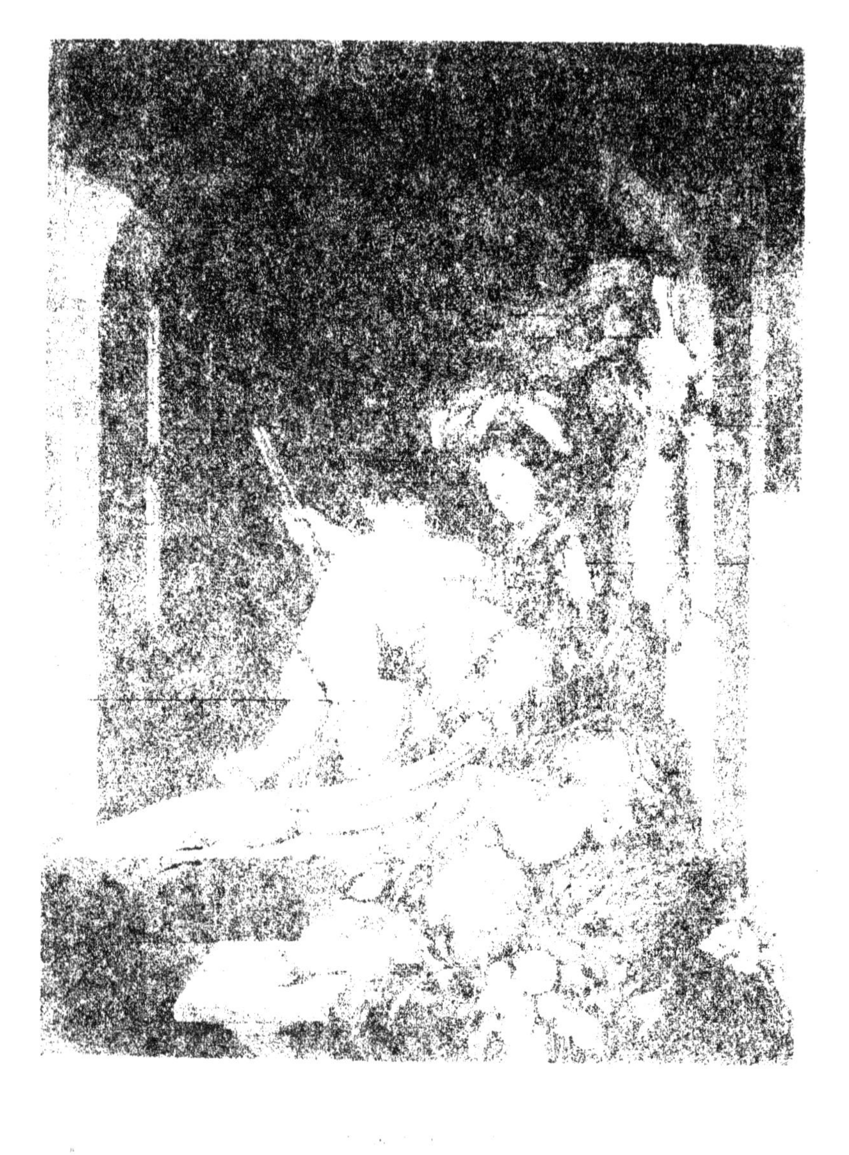

WERF (Adrien Van der)

1,900 49 — Le galant Chasseur.

Auprès d'une fenêtre ouverte, un joyeux chasseur, la tête couverte d'un pittoresque bouquet de gibier, caresse le menton d'une jeune cuisinière occupée à préparer un chou. Devant elle, sur une table, sont empilés de nombreux fruits et légumes ; à droite, un lièvre est pendu à un clou, et plus loin, dans le fond, on aperçoit l'intérieur de la cuisine.

Signé en haut, au-dessus de la fenêtre, et daté 1678.

B. — H., 0m,48. L., 0m,37.

WYNANTS

(Attribué à)

460 50 — Paysage.

Des cavaliers et des piétons suivent la route qui s'éloigne du village, dont on aperçoit le clocher derrière un bouquet de bois ; fond de montagne.

Signé à droite et daté 1667.

B. — H., 0m,39. L., 0m,33.

WITTE (E. de)

450 51 — Intérieur d'Eglise.

Au premier plan, différents personnages, vus de dos, regardent et écoutent le prédicateur qu'on aperçoit dans sa chaire. De nombreux assistants animent cette composition. Au fond, des fenêtres ornées de vitraux.

Signé à droite.

T. — H., 0m,65. L., 0m,54.

ZAMPIERI *dit* le Dominiquin

52 — L'Ange et Tobie.

T. — H., 0m,44. L., 0m,35.

53 — Sous ce numéro seront vendus les tableaux non catalogués.

Tête de sainte, école italienne 75
Ecole flamande. Mariage de Ste Catherine 80
Ste famille 50
Ecole de P. Neef. Intérieur d'Eglise 125
Pendant du précédent 90
Panier de fleurs [illegible] fruits à Mr Labbé 410
Pendant du précédent à Mr Labbé 390

MEUBLES

54 — Très joli petit Bureau de dame, de forme bombée, à élégants contours en laque noir rehaussé de paysages chinois en laque d'or avec envolées d'oiseaux en applications de bronze ; richement garni de rocailles fleuronnées en bronze doré. Époque Louis XV.

55 — Deux grandes Gaines en bois noir, la façade en ressaut, les profils cintrés garnis de moulures, de mascarons dans des cartouches ornementés, de chutes de fleurs et de griffes de lion en bronze doré, etc. Style Louis XIV.

56 — Joli Meuble à hauteur d'appui formant étagère sur le devant et sur les côtés cintrés, en bois d'acajou, orné de bronzes ciselés et dorés, à fond de glace, dessus en marbre rouge griotte. Style Louis XVI.

57 — Joli petit Meuble bureau à cylindre en bois d'acajou satiné, avec panneaux décor vernis Martin, représentant des scènes champêtres, orné de bronzes ciselés et dorés. Style Louis XVI.

58 — Bureau ouvrant à dos d'âne, en bois de placage, effilé de marqueterie, orné de bronzes dorés. Époque Louis XV.

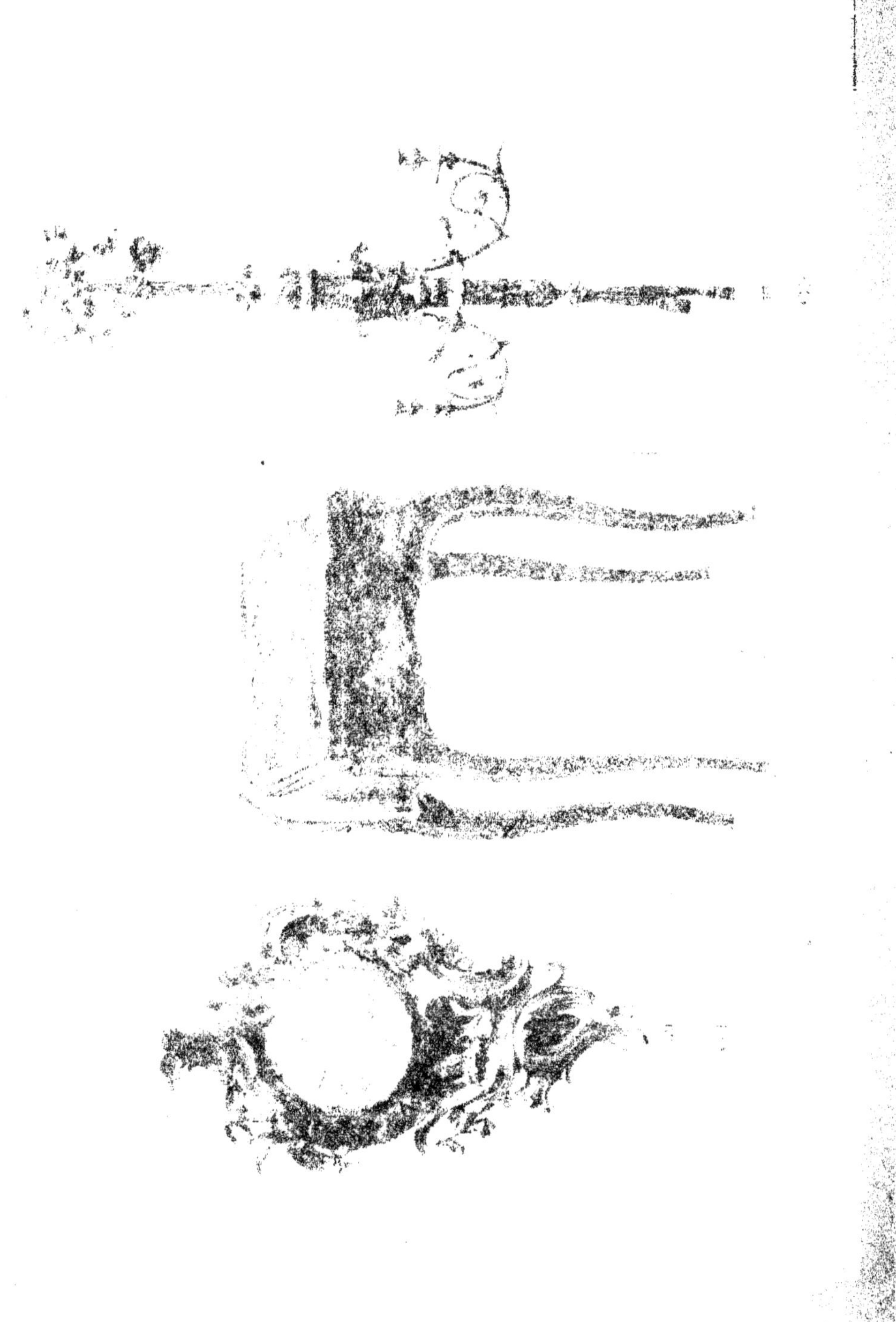

MEUBLES

[illegible] Époque Louis XV.

[illegible] XIV.

[illegible] Style Louis XVI.

[illegible] Style Louis XVI.

58 Bureau ouvrant à dos d'âne, en bois de placage, orné de marqueterie, orné de bronzes dorés. Époque Louis XV.

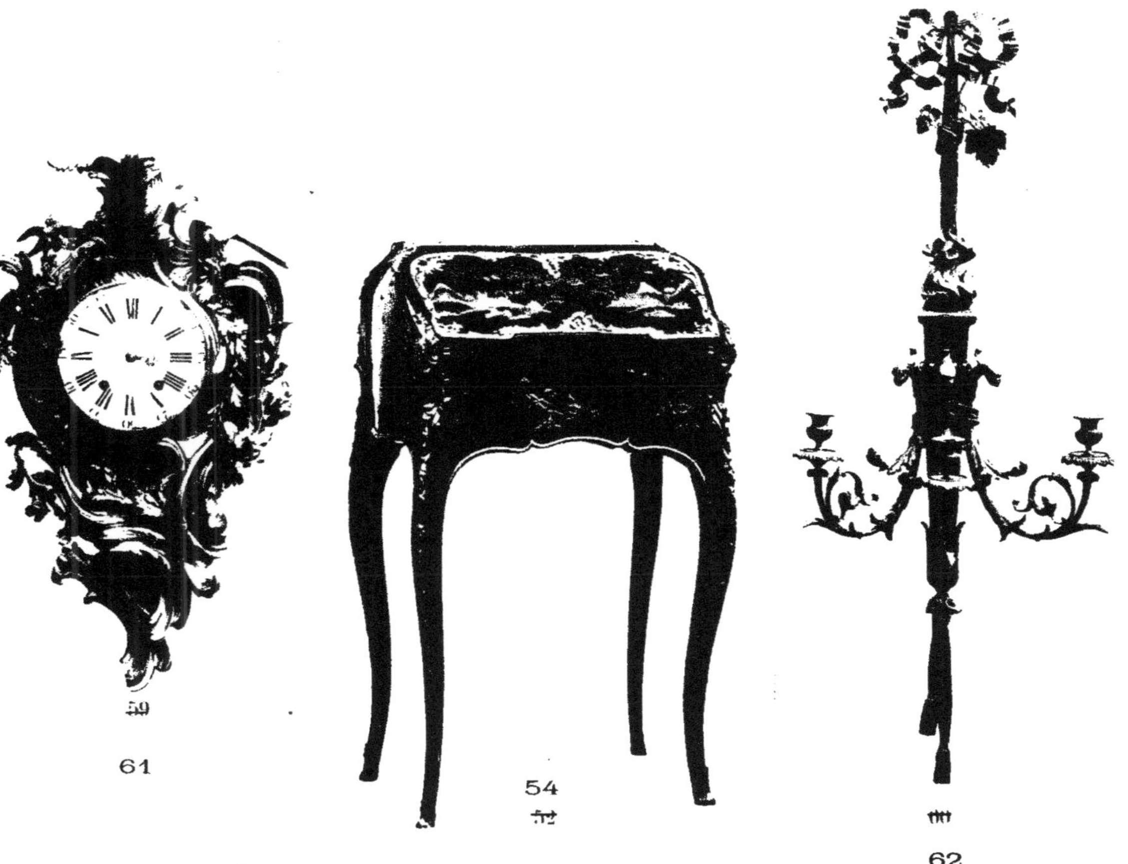

61

54

62

Phototypie Berthaud, Paris.

59 — Petit Cabinet ouvrant à deux portes, en bois d'ébène incrusté d'ivoire et orné d'applications de pierres dures ; les battants, avec bas-reliefs sur ivoire, représentent Vénus et l'Amour.

60 — Jolie petite Table en marqueterie de bois rose et palissandre ; époque Louis XV. Le dessus s'ouvre en deux parties dont l'une à abattant et l'autre, garnie de tiroirs, se soulève pour former bureau de dame.

BRONZES

61 — Grand et beau Cartel en bronze ciselé et doré, modèle à rocailles, volutes et gerbes de feuillages sur lesquelles sont perchés des oiseaux ; cadran signé André Furet. Époque Louis XV.

A figuré à l'Exposition d'objets d'art du XVIIIe siècle faite en 1890 à la Galerie Georges Petit.

62 — Paire de grandes et belles Appliques Louis XVI en bronze ciselé et doré, forme gaine, décor à fleurs et oiseaux sur fond vert, couronnée de flammes et suspendue à une draperie avec nœud de ruban. Culot à feuilles d'acanthe se terminant en chute de draperie avec glands ; bras à trois lumières à cariatides d'aigles se terminant en volutes et enroulement de feuillages. Travail en partie de l'Époque.

63 — Paire de grands Candélabres formés de potiches en porcelaine de Saxe, décor fond gros bleu quadrillé d'or avec médaillons à sujets inspirés de Watteau et médaillons à fleurs ; monture à rocailles avec bouquets disposés pour l'électricité à douze lumières, gerbes fleuries en bronze doré. Style Louis XV.

64 — Garniture de Cheminée en bronze ciselé, patiné et doré avec socles en marbre griotte, garnis de bronzes dorés. Style Louis XVI.

Composée d'une Pendule : l'Amour, assis sur un fût de colonne, tenant le mouvement de la main droite et une baguette de la main gauche ; cadran signé Le Faucheur.

Deux Candélabres à deux lumières à figures de petits Bacchants, sur fûts de colonnes.

65 — Petit Groupe en bronze, le Baiser, de Houdon ; monté sur un fût de colonne en marbre blanc garni de bronze doré. Style Louis XVI.

66 — Cartel en bronze doré, orné de gerbes de laurier et de nœud de ruban, porté par une figurine d'Amour en bronze, patine foncée ; cadran signé Leroy. Style Louis XVI.

PORCELAINES

67 — Deux Vases en ancienne porcelaine de Chine, fond gros bleu, décor à paysage et ornements à rehauts d'or.

68 — Paire de Vases, avec couvercles, sur socles carrés, en porcelaine de Vienne, fond rouge et fond mauve; riche décor raphaëlesque à rehauts d'or et de couleur, avec médaillons, sur chaque face, à sujets mythologiques.

69 — Vase avec couvercle en ancienne porcelaine de Chine, fond gros bleu à fleurs et papillons en couleur.

70 — Coupe en ancienne porcelaine de Vienne, décor extérieur fond d'or et intérieur à fleurs sur fond blanc.

71 — Paire de Vases avec couvercles en ancienne porcelaine de l'Inde, décor à draperies; médaillons et feuillages en relief, en rouge, vert et or.

72 — Deux Canards formant cocotières en ancienne porcelaine de Chine, plumages décorés au trait en polychrome.

73 — Six grands et beaux Plats en ancienne porcelaine du Japon; riche décor polychrome. Au centre, sous des

portiques d'aspect architectural, avec figures dans les niches sur les côtés, sont représentées les armoiries de la Hollande et de villes des Pays-Bas. Le marli, ainsi que les bords, offrent, sur un fond quadrillé au trait bleu, des médaillons à paysages et fleurs avec figures.

74 — Paire de Cornets en ancienne porcelaine du Japon, fond gros bleu, semé de fleurs et de feuillages, avec médaillons de formes variées, à paysages fleuris, en polychrome rehaussé d'or.

75 — Potiche avec couvercle en ancienne porcelaine du Japon, décor à fleurs et lambrequins en polychrome et or.

76 — Grand Vase avec couvercle en ancienne porcelaine blanche de Berlin, avec anses à têtes de béliers, draperies et ornements en relief.

77 — Paire de Vases avec couvercles en ancienne porcelaine blanche de Berlin, avec anses à têtes de femme laurées, encadrements de médaillons en relief.

78 — Paire de Vases avec couvercles en porcelaine de Berlin, décor oiseaux et anses à mascarons.

79 — Deux petites Consoles d'appliques en porcelaine de Saxe, décor truité vert avec alliance d'armoiries rehaussées d'or; supportées par des aigles aux ailes éployées.

80 — Cassolette ovale avec couvercle couronné par un éléphant, décor à bacchanales d'enfants et côtes fleuries rehaussées d'or.

81 — Service à thé en ancienne porcelaine de Saxe, époque de Marcolini, décor à bouquets de fleurs et guirlandes de laurier, composé de cinq grandes pièces et de six tasses avec soucoupes.

82 — Écuelle avec couvercle et plateau en porcelaine de Saxe, époque de Marcolini, décor à guirlandes et jetées de fleurs, anses à têtes de béliers.

83 — Sucrier avec couvercle et plateau en ancienne porcelaine de Paris, fond vert à rehauts d'or, décor à feuillages.

84 — Deux grands Plats en ancienne porcelaine de Saxe, fond gaufré, décor à bouquets de fleurs.

85 — Quatre Flambeaux formés par des groupes allégoriques en porcelaine de Saxe.

86 — Oiseau perché sur un tronc d'arbre en ancienne porcelaine de Saxe.

87 — Figurine de jeune paysanne en ancienne porcelaine de Saxe.

88 — Lustre en porcelaine de Saxe forme Louis XV, orné de figures et de fleurs.

89 — Glace avec cadre en porcelaine de Saxe, décor en relief à motifs rocaille.

90 — Garniture de trois grands Vases avec couvercles ajourés formant brûle-parfum en porcelaine de Saxe, décor en haut relief à personnages et guirlandes de fleurs.

91 — Garniture de Cheminée, pendule et deux candélabres à trois lumières en porcelaine de Saxe.

FAÏENCES

92 — Garniture de cinq Pièces en faïence de Delft, décor médaillons à paysages en polychrome.

MATIÈRES PRÉCIEUSES

OBJETS DIVERS

93 — Beau Vase avec couvercle à panse mi-sphérique, sur socle carré en porphyre oriental.

94 — Paire de Vases en porphyre oriental forme dite Médicis.

95 — Lustre en verre de Venise.

TAPISSERIES—TENTURES

96 — Suite de quatre beaux Panneaux en tapisserie d'Aubusson à fond gris damassé ton sur ton, offrant, au centre, dans des médaillons encadrés et entourés de guirlandes de fleurs, des sujets allégoriques aux Saisons :

Le Printemps. — Une jeune fille, assise sur un banc de pierre au pied d'un arbre, cause avec une compagne pendant qu'un jeune homme la pare de fleurs.

L'Été. — Une jeune femme, arrêtée au bord d'un ruisseau, regarde un moissonneur en train de lier une gerbe de blé.

L'Automne. — Un jardinier présente des raisins et des fruits à une bergère qui tient en laisse une brebis.

L'Hiver. — Dans un paysage glacé et couvert de neige, un patineur pousse un traîneau, dans lequel a pris place une jeune femme vêtue de fourrures.

Bordures simulant des encadrements à rinceaux feuillagés et fleuris, surmontés de frontons à bouquets de fleurs, colombes, carquois et torches enflammées.

110 97 — Grand Panneau de tenture en satin de Chine, fond gros bleu, brodé de dragons, cachets et grecques en broderie métallique.

Produit 50.479 francs

7903. — Librairies-Imprimeries réunies, rue Mignon, 2, Paris.

www.ingramcontent.com/pod-product-compliance
Ingram Content Group UK Ltd.
Pitfield, Milton Keynes, MK11 3LW, UK
UKHW020441180726
13839UKWH00004B/1571

9 782329 540832